結城アンナ

おしゃれで心豊かな
日々の重ね方

自分を
いたわる
暮らしごと

Thoughts on Gentle Living
Anna Yuki

主婦と生活社

はじめに

スウェーデンで生まれ、もうひとつの故郷である日本に移り住み、15歳でモデルの仕事を始めて、俳優の岩城滉一と出会いました。娘を授かったのが21歳。

気づけば夫婦で歩んだ時間も40年を超えていました。


結婚して子どもが生まれ、家族が増えると、女性は自然に妻、母という立場を強く意識して、大切にすべき優先順位が変わっていきます。

私自身も、何より娘とダディ、両親が大切で、自分のことはあとまわしに。

こうしてあげたい、こうしなければ……と自分を追い詰め、心も体も疲れ果ててしまった時期がありました。

気持ちをコントロールできるようになるのに約10年。

自分自身をいたわり、守るすべを見つけることができてから、人生を楽しむ余裕が生まれました。

歳を重ねて気づいたことは、自分らしくいることが
心と体に負担をかけず、一番リラックスできるということ。
ありのままの自分を受け入れて、
重く感じていたものを少しずつ取り除いていったら
自然とシンプルな暮らしにたどり着きました。
何事も無理をしないでほどほどに。
ときには自分を許して、ひと休み。
日々、ごはんが美味しく食べられて、ぐっすり眠れたら
オールOK。
現在62歳、ありがたいことに毎日がハッピーです！

この本は、私が日常で大切にしていること、
健やかに暮らすためのささやかな試み、
そして、これまで歩んできた人生を振り返って綴《つづ》りました。
その中に、みなさんの暮らしに役立つヒントがあれば嬉しいです。

キッチンに立ち
心と体を整える料理を作る。
時間ができたらゆっくりと。
セラピーのような
ひとときが愛おしい。

好きなことにはまっしぐら。
思い立ったらわが道を行き
ダディを驚かせることも
しばしばです。
もう人生の折り返し地点、
遠慮せずに楽しみますよ。

メイクやファッション、
もちろんライフスタイルも
〝自分らしく〟が一番ラク。
今の自分が大好きだから
ありのままで。
いつも笑顔を大切に。

Contents

Chapter 3

ファッションで今の自分を表現

Chapter 4

小さな幸せを重ねて暮らす

Chapter 5

自分のこと、夫婦のこと、家族のこと

Chapter 1

食と向き合いきれいを育む

体が欲するものを素直に取り入れる

私たちの体は口にするもので作られています。食べたものが細胞になり、血となって全身を巡りますから、健康も美容も食べるものに影響を受けているのだと、日々実感しています。加えて、食べることが大好きな私にとって、美味しいものを口にすることは幸せを感じる瞬間です。体だけでなく心にも作用する食を豊かにすることで、人生も豊かになる……。ですから、これまでも食を大切にしたいと思ってきました。

今の世の中は健康志向が強く、食に関する情報で溢《あふ》れています。メディアでは体にいいもの、体にいい食べ方といった様々な流行が生まれていますし、私のまわりにも食に対して意識の高い人がたくさんいます。普段の会話の中にそういう話題が出てくることもあり、私自身も自然に体にいいもの、体にいい食べ方に興味を持つようになりました。

とはいえ、専門知識があるわけではないので、「いいな」と思ったことをとりあえず試し、自分に合っていることだけをチョイスして、なんとなく続けている感じです。年齢とともに体質が変わっていきますし、日によって体調も異なります。ですから体が欲しているものが何か、耳を傾けて素直にとるように心がけています。調子の悪いときは胃を休めるために白湯を飲み、はちみつ入りのミルクティーと軽めのスープを。どんなことも無理なく楽しくが大事。合わないと感じたらすぐにやめますし、食に関してもフレキシブルに、がモットーです。

ただ、気をつけなければならないのが、「好きなもの」と「欲しているもの」は違うということ。例えば私は甘いものが大好きですが、食べたくなったらバターや砂糖たっぷりのケーキではなく、バター、砂糖不使用の、ナッツ類をたっぷり使ったロースイーツをいただきます。なぜなら、バターや砂糖を使わないスイーツは体にやさしく、食べたあとも胃が軽やかで、今の私に合っているから。さらにナッツ類は良質な油分やビタミン、ミネラルが豊富で健康や美容に嬉しい食材。美味しくて体にもいい、一石二鳥という点も私向きです。気持ち的にも満足できますし、何よりヘルシーだという安心感があると、罪悪感にさいなまれることもありません。これから先の人生をよりいいものにするために、まずは食で体をいたわります。

手作りすることで意識が変わる

いつだったか、「ミニマリストになる！」と一念発起し、大量に持っていた料理本を整理してみました。処分する前に改めて1冊ずつ読み返してみると、スイーツはもちろん、今まで市販品ですませていたドレッシングやマスタード、コンソメスープのレシピまで載っていて、すべて家庭で手作りできるということに驚きました。

そこで、気になるものを片っ端から作ってみたら……普段当たり前のように口にしていたものがどんな食材でできているのか、「なるほど～」の連続で、とても勉強になったのです。同時に、マヨネーズにはこんなに油を入れるのね！　メロンパンには砂糖とバターがたくさん使われている！……と、体に合わないものを無自覚にたくさん摂取していたと気づき、「これではダメ！」と食を見直すきっかけにもなりました。

もともと料理を作るのは大好き。ですから、今ではなんでも手作りしています。日本には四季がありますから、そのときの体に合う旬の食材を使って。また市販の調味料も添加物のないものを選んで……。こんなふうに手作りすると、自分の目で食材を選べますし、塩分や糖分を好みに調節できたり、体にやさしい食材に置き換えたりできますから、実はとても理にかなっていると思うのです。

例えばわが家では、牛乳や生クリームの代わりに自家製のナッツミルクを使います。ナッツミルクはコレステロールゼロで栄養価も高く、美容にもおすすめ。近ごろは市販品も出ていますが、保存料などが気になるので手作りが一番安心です。作り方はとっても簡単。水に浸したカシューナッツをミキサーにかけるだけ。冷蔵で3日保存できるので、スイーツやドリンク、スープなどに使っています。またドレッシングは、使う分をその都度手作り。サラダを毎日食べますから、このほうが気分に合わせて味を変えられて私的には都合がいいのです。作るのが面倒なトマトソースなどは多めに作って冷凍保存。仕事柄、帰宅時間がまちまちなダディ用に、大好物のカレーやスープも冷凍でストックしています。

イチから毎日作るのは大変ですから、できるときに少しずつ。疲れて「今日は無理」となったら、ダディと一緒に納豆丼ですませることも。ストイックになりすぎないように、気楽に美味しく楽しんでいます。

旬の野菜をたくさん使って、野菜中心の食事に。オリーブオイルに、白ワインビネガーとバルサミコ酢、アンチョビー、にんにく、塩を入れて作るドレッシングはダディも大好き。ナッツミルクはカシューナッツを3倍量の水に浸してミキサーでなめらかになるまで攪拌《かくはん》します。

メインはランチ
いつも腹八分目がちょうどいい

健康にも美容にも睡眠が一番大事だと思っています。ですから、1日の食事は寝る時間から逆算して、食べる時間を決めています。いわゆるゴールデンタイムを利用するために、就寝は22時。たっぷり7時間眠ります。このリズムを崩さないように、まず夕食は早めの時間帯に。「食べてすぐに寝ると牛になる！」と言いますし、内臓が活発に動いていると眠りの質を下げてしまうので、消化が終わった状態で眠りに入るのがベストだそう。従って夕食後は4～5時間空ける必要があるため、夕食は17時までにすませておきたいのです。起床は5時ですから、ランチも少し早めの11時。忙しい日はズレることもありますが、現在はこのリズムが習慣になっています。

食事のメニューはいたってシンプルです。朝は、自家製のナッツミルクを入れたコーヒーを1～2杯と、ヘルシーですぐに食べられるフルーツのみ。ですから、自然とランチはしっかりめに。基本的にサラダか温かいスープをいただきます。サラダの場合はキャロットラペやカリフラワーのマッシュ、根菜のグリルなど、味と食感が異なるものを数種類盛り合わせます。スープの場合は野菜や豆をたっぷり入れて煮込んだ具だくさんのポトフやポタージュ、魚介を使ったブイヤベースなど。どちらも少し多めに作っておき、夕食はランチの残り物を使って軽めにすませます。その日の気分やお腹のすき具合によって、魚のグリルなどを添えますが、メインはやっぱり野菜です。

一汁三菜のような献立のカタチが理想的なのかもしれませんが、毎日のことですからとくに品数にはこだわらず、いろいろな食材を取り入れられればOKとしています。例えば、5種類の野菜を使ったサラダに、豆やドライフルーツを混ぜたり、砕いたナッツやハーブを散らしたり。これだけでも栄養のバランスは十分とれているはず。食事のスタイルは人それぞれですが、私にはこのゆるめのスタイルが合っているのです。

そして、食事は〝腹八分目〟でストップ！　そう思っていても食べすぎてしまうこともありますが、意識していると「ダメダメ！」とセーブできるように。健康にもいいですし、お腹がいっぱいになってダラダラすることもなくなり、1日がアクティブに過ごせます。

Morning

淹れたてのコーヒーに
自家製のナッツミルクをたっぷり注いで。
寝つきをよくするために
カフェインは午前中にとります。

Lunch

色や食感が異なる野菜をたっぷり使って
サラダかスープをワンプレートでいただきます。
これがメインの食事になります。

Dinner

ランチの残り物をアレンジして軽めにすませます。
よく動いた日は魚のグリルを添えることも。
その日のお腹のすき具合で微調整。

お肉と白いものをやめて心と体を軽やかに

体に合わないと感じていたお肉を、何年か前から食べなくなりました。もともとお肉が消化しづらい体質のようで、食べると胃がもたれたり気分が悪くなったり……。若いころから野菜と魚中心ではありましたが、ダディはお肉が大好き。娘もいましたから作る機会も多く、なんとなく口にしてきました。でも、今は娘が巣立って夫婦ふたり暮らし。互いに好きなものを食べる主義なので、作り分けることで解決しました。

お肉は食べませんが魚介類は大好き。チーズや卵も食べますからビーガンではありません。「お肉を食べないと肌がカサつかない？」と聞かれることもありますが、代わりに豆やナッツ類、野菜をたっぷりとっているので、足りない栄養をカバーできているのではと思っています。

歳を重ねるごとに、太りやすくなったり、疲れやすくなったり。食べ物で体調が変わるんだなあと、感じることが増えてきました。そのひとつが白いもの。主食になるごはんやパン、めん類です。いわゆる炭水化物は、糖質とカロリーが気になっていましたし、食べると体が重くなるように感じていたため、こちらも数年前から控えるようになりました。食べたくなったときは、白米や白いパンを避け、玄米や全粒粉のパンなど茶色いものを選びます。こちらのほうがヘルシーで栄養価が高く、体にはいいように感じます。だからといって、とりすぎは厳禁です。

同様にスイーツも、小麦粉や白い砂糖を使っていないものを……と考えたら、探すより手作りしたほうが早いということで、今はほとんどハンドメイドです。甘みははちみつやメープルシロップ、ドライフルーツなどで代用。またバニラはアレルギー検査で陽性反応が出たため、今はまったく口にしていません。バニラアイスが好きだったのでちょっと寂しいですが、カロリーを考えると、かえってよかったと思っています。

手作りといっても、手軽にできるものが中心です。グリーンピースとアーモンドプードルを混ぜたケーキや、アボカドとカカオパウダーを合わせたチョコムース、カカオとココナッツオイルを混ぜて冷やし固めたチョコレートなど、最初にもお話ししたロースイーツにハマっています。

食事は毎日のことですから、気を遣いつつも我慢してストレスにならないように、工夫しながら実践中です。

おもてなしの席は、いつもと違うスタイルで。
フムスやペースト、ピタチップス。
ゲストに合わせてメニューを選び
花やグリーンをちりばめて
テーブルコーディネートを楽しみます。

誰かのために作る
そう思うとワクワクする

子どものころ、母は仕事が忙しく料理は父の担当でした。父はポテトチップスをイチから作るほどの凝り性で、あれこれ作って私たちに食べさせることが、何よりの喜びだったと思います。ですから私の料理好きなところは父譲りなのかもしれません。誰かのために作るのはとても楽しく、ダディと私の食事を作り分けることもまったく苦ではありません。

自宅はダディの事務所も兼ねていますから、打ち合わせ時にごはんを出したり、おやつを出したり……。スタッフに「お腹すいてる?」と声がけすることが当たり前のようになっています。そういうときは、あり合わせでパパッと作りますが、おもてなしのようなパーティスタイルになったら、少し気合いを入れて。ゲストやイベントに合わせてメニューを考え、前日から仕込みます。これがまた楽しいのです。

女子会でしたら温かいサラダと冷たいサラダを2~3品、野菜のディップを数種類にスープ、そしてロースイーツといったヘルシーメニューに。ゲストがいろいろでしたら、サラダとピザ、ファヒータとタコスのようにボリュームをつけて。庭でバーベキューをするのも好評です。

クリスマスは生まれ育ったスウェーデンスタイルで。ユールシンカ（豚のハム）やサーモンマリネ、ポテトグラタンといったオーソドックスなクリスマスメニューと、お菓子の家やクリスマスモチーフのクッキーなど、伝統的なお菓子を作ってお祝いします。

ゲストに料理を振る舞うことも好きですが、料理は器や盛りつけで印象が大きく変わりますから、相手のことを思い浮かべながらあれこれ考える作業は、私にとって至福の時間です。食器やカトラリー、グラスを選んだら、庭からハーブを摘んで添えたり、花を生けたりと、季節のエッセンスを盛り込みます。こうして食卓をしつらえると、たとえシンプルな料理でも素敵な一品に。テーブルコーディネートを考えてセッティングするまでが大切なのです。基本的には各自で取り分けるビュッフェスタイルにして、ワイワイとにぎやかに。外が気持ちいい季節なら、庭にドリンクとデザートコーナーをセッティングします。ちょっとした工夫で会話が広がりますし、ゲストの「美味しい」「素敵！」の笑顔が見られるのも、また幸せなのです。

キッチンで過ごす穏やかな時間が一番好き

料理はゆっくり時間をかけて作るのが好きです。でも仕事をしながら子育てをしていたころは、毎日忙しくて料理は二の次。時短を優先にすませていました。だからこそ、時間にゆとりが持てるようになってからは、大好きな料理をきちんと楽しみたいと思ってきました。

材料を揃えてお気に入りの音楽をかけ、ワインをちびちびと味見しながら、トントン、コトコト。何も考えずに手を動かし、疲れたらカウンター横の椅子に腰かけてひと休み。キッチンから庭の緑を眺めて、季節の移ろいを感じながらゆったり過ごす時間は、とてもハッピー！　私にとってはセラピーのように癒されるひとときなのです。

とくに新しいレシピに挑戦するのはワクワクします。故郷のスウェーデン料理はもちろん、地中海料理、タイ料理、インド料理……。旅先のレストランで出会った美味しい一皿の再現にもチャレンジします。美味しくできたり、イマイチだったり、結果はいろいろですが、それよりもあれこれ試す実験みたいな作業が面白いのです。

料理はこうした作る工程が、食べることよりも大切に思えます。なぜなら、食材を切るリズミカルな音やお鍋で煮込む静かな音、またカレーを煮るスパイシーな香りやスイーツを焼く甘いにおい……。美味しい音やにおいは人を幸せな気分にしてくれるから。子どものころ学校から帰って家に美味しいにおいが漂っていると、ほっとした記憶があります。そして今、わが家を訪れた人が「いいにおいがしますね」と嬉しそうに言ってくれると、私も温かな気持ちに。料理っていいですね。

嬉しいことに娘も料理が大好きで、キッチンに並んで一緒に料理をすることも。現在は嫁いでニューヨークにいますが、里帰りの際は自然とキッチンに集います。また向こうで流行っている食材や人気のヘルシーレシピを教えてくれたりと、私よりもずっと知識が豊富。好きなことを親子で共有できるなんて、素晴らしいことですね。

ダディは「男子厨房に入るべからず」の人ですから、キッチンは私だけの空間。ここはリビングとつながっていて、彼の指定席がある庭のテラスにも出られます。「ママ、コーヒーもらおうかな」という声もしっかり届きますから、適度な距離感で好きなことに没頭できるのです。

「お腹すいた！」と言われたら、あり合わせでこんな感じに。

Chapter 2

これからは日々いたわる

美しさは1日にして成らず

モデルをしていた20歳前後は、ありがちですが「痩せてなくちゃ！」と常に考えていて、気になるのは体重ばかり。日常的に食べる量を減らしていましたし、短期集中型の食べないダイエットのようなことも当たり前でした。結果、痩せたり太ったりを繰り返し、そのたびに気分も上がったり下がったり……。今思えば肌の調子は悪くなるし、いいことなんてひとつもない。ただただ不健康なだけでした。若気の至りですね。

急激なダイエットをすると免疫力が落ち、代謝も悪くなります。体重が落ちてもキープすることが難しいので、少しずつでも自分に合った健康的な食事内容にシフトして、適度に運動を取り入れながら続けることが大切なのです。一般的なことですが、それ以上のコツなんてないんです。問題はやるかやらないか。意識の持ち方次第なのです。

今の私は常に「マイナス５kgだなあ」という状態です。「食いしん坊だから仕方ない」、そう思ってよしとしていますが、健康のために今のスタイルはキープしたい。そう思ってヘルシーな食事と腹八分目を心がけ、1時間のお散歩と入浴を日課にしています。気づいたときにながら運動をしたり、マッサージをしたりしますが、結構アバウト。気分が乗らないときは休みますし、週に1度、好きな物を食べていい日を作っています。そんなふうに、ときには自分を許してあげることも必要です。

肌も同じように、短期集中では効果は知れています。スキンケアのような外的ケアだけでなく、食べるものや心の影響も受けやすいので、何より大切なのは心身を健やかな状態に保つこと。歳を重ねると肌も無理は禁物です。ですから、しっかりと睡眠をとり、体と心を整えます。眠っている間に体の回復機能が働くと言いますから、睡眠は健康にも美容にもとても重要。「肌がきれいですね」と言ってくださる人もいますが、そう見えているのでしたら睡眠のおかげ。前章でもお話ししましたが、質のいい睡眠がとれるように食事の時間を決めて、生活のリズムを見直したことで、心身のバランスがよくなっているのだと思います。つまり美しくあるためには、体重だったり肌だったり、ひとつのことにとらわれていてはダメなのです。生活のすべてがつながっていますから、日々の小さな積み重ねが体にも表れていくのではないかと思うのです。

今必要なのは内も外もたっぷりの潤い

肌は年齢とともに大きく変化しますから、そのときどきに合ったケアが必要です。それが実感としてわかってきたのは40歳を過ぎたころでしょうか。若いころは、何も考えずに流行りの高級化粧品を購入し、「効果ないね」と無駄にしてばかり。今でこそ「若い肌には必要なかったな、もったいない」と言えますが、当時は「肌に合っていない」とは、考えもしませんでした。

そして現在、年齢肌といわれる肌になると、気になってくるのは乾燥です。肌の保湿力はどんどん低下していきますから、ほうっておくと砂漠のような状態に。シワや毛穴の開き、肌荒れやたるみの原因にもなるので、今の私には保湿ケアが欠かせません。

わが家の女性たちは、自然派の保湿ケアをしていました。父方の祖母は、毎晩食後のデザートで残る果物を集めて、フェイスパック&マッサージするのが習慣でした。祖母を真似て、おばと子どもだった私までが、いろいろな果物の皮や果汁を顔に貼ったり塗ったりして、リビングでくつろぐのです。それはまるで、果物のおばけのよう（笑）。今思えば、食事も野菜や果物が中心でしたから、食べることで内側を潤し、余った部分で外側を保湿する。そんなことを、日常の生活の中で自然に行っていたんですね。

一方母は、入浴前に乾いたボディブラシで全身をドライブラッシングしていました。乾布摩擦の感覚だったと思いますが、70歳を超えてもセルライトがなくきれいな体だったのは、その成果だったのかもしれません。現在の私はというと、週に1回、粉砂糖とオーガニックのエキストラヴァージンオリーブオイルを2対1の割合で混ぜた、手作りのスクラブでマッサージするのがお気に入り。踵や爪のまわりは砂糖ではなく海塩を使って。アカスリのようなボディケアですっきりします。顔のマッサージやオイルプリング（マウスウォッシュのようなうがい）には、エキストラヴァージンココナッツオイルを。自然派のオイルを使ったスペシャルケアは、体も心も潤うので、癒しの時間になっています。こうして面倒になりがちなことも、楽しみながら取り入れていくことができているのは、わが家の血筋なのかもしれません。

Face & Body care

(右)『サンチュール・ドリアン』のエッセンシャルオイルは、フェイス、ボディ、ヘアの保湿ケアに。少しお高めですが、収益の一部がレバノンの女性の地位向上のために寄付されるので、少しでも役立てばと思っています。(左)スキンケアは無香料・低刺激化粧品の『コンテス』のナチュラルケアシリーズを20年愛用。肌の状態に合わせてスキンローション、ミルクローション、モイストエッセンス、モイストクリームを使い分けます。

Hair care

シャンプーとコンディショナーは2種類の香りを気分に合わせて使用。(右)『アバロンオーガニクス』のスカルプシャンプー・コンディショナー BB ビオチンBは、ローズマリーの爽やかな香り。(左)『クシュミ』のセラミドヘナシャンプー・コンディショナーはローズのやさしい香り。(手前)『ロクシタン』のファイブハーブス ラディアンスヘアマスクは髪がパサつくときにプラス。

湯たんぽはベストフレンド

若いころから冷えやすい体質ではありましたが、あまり気にしていませんでした。でも、歳とともに冷え性というだけではすまなくなり、50歳を過ぎたあたりから痛みを感じるように。寒くはないのに、足などの冷え性ポイントを触ると氷のように冷たくて、ズキズキと痛む。真夏でもそうなのですから、血流が悪くなっているのでしょう。ほうっておくと眠れません。ですから常に体を温めるように心がけています。

自宅では保温カップに白湯を入れて持ち歩き、一日中ちびちびと飲んでいます。季節によってパンツの上からフリースのスカートを履いたり、ブランケットを腰に巻いたりと、室内でもしっかり冷え対策。1日の終わりには湯船にゆっくり浸かり、体の芯からポカポカと温めます。そして寝るときは腹巻をして、さらに湯たんぽを抱えます。湯たんぽは旅先にも連れていくベストフレンド。お腹や腰など冷えが気になる部分に当てて眠ります。最近、体が冷えやすくなったというダディにすすめたところ、見事にハマっていました。今では夫婦に欠かせないアイテムです。

こちらが愛用中の温かアイテム。白いロングスカートとボーダー柄の腹巻は『ジェラート ピケ』。肌触りがよくてポカポカ。グレーのスウエットスカートは『ユニクロ』です。裏地がふわふわのボアで最高に温かいのです。そして、旅行用の湯たんぽは可愛いニットのカバーつき。

若いころより疲れやすいと自覚する

当たり前のことですが、若いころと比べると確実に疲れやすくなっています。モデルの仕事をしていたころは、撮影をいくつかこなしてから、眠る時間を削ってでも遊ぶ、なんてことが普通でしたし、翌日は元気に仕事へ向かっていました。若いってすごいですね。今ではそんな生活、まったく考えられません（笑）。

なにしろ、今は睡眠が一番大事。7時間しっかり眠らないと翌日はヘロヘロです。夜は22時にベッドに入り、朝5時に起床というリズムが習慣になっていますから、これが崩れるだけでもしんどいのです。ですから、事前に仕事や夜の予定が入るとわかっている場合は、数日前からその日に向けて調整。就寝、起床の時間を少しずつずらしたり、お昼寝をしてみたり、なんとなく体を慣らしておくと、迎えた当日が無理なく過ごせます。こうしないと例えば会食の途中で眠くなり、最後まで楽しむことができませんから。思っている以上に無理はきかないと自覚して、上手にリカバーすることが大切のようです。

疲れたらそのぶん回復に時間が必要です。
無理をしないで日々いたわる。
それが私の元気の秘訣です。

メイクは年齢とともにシンプルに

いつのころからか〝アンチエイジング〟という言葉が浸透し、最近では「アンチエイジングしてる？」くらいの雰囲気になっていますが、私はこの言葉自体に違和感があります。なぜなら歳をとることは素敵なことなのに、なんだかすごく否定されているように感じるから。年齢はその人の生きてきた証ですし、年齢ならではの美しさがあると思うのです。

もちろん私もシワやシミができれば気になりますし、艶のある肌でいたいと思っています。ですが、若く見られたいとは思っていません。それが現実ですから。歳をとることを受け入れて、そのときの自分を楽しみたいと思うのです。この歳になると、「すごく若く見える」と言われるより、「素敵な60歳」と言われるほうが嬉しくて、外見だけでなく生き方や内面も含めて見てくれていると感じます。あくまで私の場合ですが……。

ですから、変に隠したりしないで、いいところを引き出してあげる。今の私のメイクはそんな感じです。

メイクは第一印象を左右しますから、きれいに整えることは大切だと思います。でも、必要以上に塗ったり盛ったりするのは、仮面をつけるようなもの。年齢に合わない不自然な感じにはしたくないですし、そこに時間もかけたくない。ですから仕事以外のセルフメイクは、極めてナチュラルです。

もともとプライベートではノーメイクが基本。何もつけないのが一番リラックスできるので、UVクリームを塗っておしまいです。眉も引かないスッピンですが、これでお買い物や打ち合わせも私的にはOKです。おしゃれな場所へお出かけするときは、少しだけ気を遣ってBBクリームを塗り、簡単なアイメイクにチーク、リップといったポイントメイクをプラスします。夜など華やかな場所に行くときは、アイシャドーをさっと加えます。シミ隠しにコンシーラーやファンデーションを塗ると、かえって目立つ感じがするので、仕事以外では使いません。それより視線が外れるように、ポイントメイクを加えるほうが効果的のようです。

メイクもファッションの一部ですから、シーンや洋服に合わせて色を選んだり、ポイントを変えてみたり。今の自分に合うスタイルを楽しみたいと思っています。

Daily

恥ずかしながら……
こちらが私のデイリーメイク。
UVクリームを塗っただけのスッピンです。

Dress up

アイメイクをさらりとして
明るめのチークとリップをほんの少し。
これだけで艶感がアップします。

ストレスを感じたらまずは深呼吸

正しく呼吸できていますか？　私は何かに集中していると全身に力が入り、呼吸がきちんとできなくなることがあります。気づくと息苦しくて、ゼイゼイしてしまいますから、日ごろからヨガなどで学んだ正しい呼吸法を意識するようにしています。

ストレスは、例えるなら圧力鍋に溜まったエネルギーのよう。正しくリリースしてあげないと、すぐに限界に達してとってもキケン。集中しているときみたいに、全身がこわばって呼吸がうまくできなくなります。そんなときは、そのまま突っ走らないで、まずは深呼吸。思考を止めて深く長く呼吸します。すると、圧力鍋から蒸気がシューッと解放されるように、不思議と気分が軽くなって疲労感もやわらぎます。ちょっとしたことですが、呼吸を整えるだけで心身のバランスも整うようです。

またストレスは溜め込んでいくと厄介ですから、私は自宅周辺を1時間、毎日お散歩して解消します。ウォーキングするなら音楽を聴きながら、毎日コースを変えて、という人が多いと思いますが、私は何も考えたくないので、音楽は必要なし。同じコースを無心で歩くのが好きです。しっかり体を動かすと、ストレスもなくなり、体の老廃物も排出されるようですっきりします。基本は朝1回ですが、気持ちが晴れないときは夕方にもう1回、違うコースを歩いてモヤモヤを取り除きます。

頭の中をさっと切り替えたいときは、違う場所で違うことに夢中になるのが効果的です。私の場合は庭いじり。庭の自然が作り出す静けさに包まれると、心が安らぎ頭の中はクリアに。植物に水をやり、草をむしって枝を間引き……次から次へと作業を見つけます。気がつけば日が暮れてしまうこともしばしばで、体は泥んこに。でも気持ちは晴れて、いつもの笑顔に戻れます。

仕事も恋愛もダイエットも、ストレスモンスターの要因になりますから、誰もが知らず知らずのうちに、イライラを抱え込みがち。ちなみに、私の最近一番のイライラはパソコンです。仕事のメールや調べものなどで必要なのですが、もともと機械音痴ですから、操作を覚えるのも大変です（笑）。何事もなるべく無理をしないでほどほどに。それくらいゆるいほうが、心身のためにはいいようです。

朝のお手入れをすませたら、髪をキュッと結って行動開始！

Chapter 3

ファッションで今の自分を表現

心地よく快適にそして自分らしく

私のファッションの原点は、70年代のヒッピースタイルです。Tシャツにジーンズ、ビーチサンダル。それからフォークロアやボヘミアン。カジュアルでピースフル、そしてリラックス感のあるスタイルが、今でもベースになっています。もちろん時代とともに変化して、極めてシンプルになりましたが、感覚的には同じ。自分らしくいられる、ハッピーでラクチンな心地よいスタイルが好きなのです。

今の私はSimple is best! さすがにどこにでもTシャツとジーンズで、というわけにはいきませんから、Tシャツをシャツに、ジーンズをカプリパンツやスカートに変えるなど、TPOや季節に合わせてアレンジしています。ですが、どんなシチュエーションでも快適でなくちゃダメ。タイトシルエットのドレスやピンヒールのように、素敵だけど疲れるものは身につけません。「おしゃれは我慢」と言う人もいますが、私は「我慢するなら、なし」なのです。

私の日常は自宅が中心ですから、洋服選びはリラックスできることを優先します。素材はリネンやコットンなどの天然素材でストレスフリーなものがいいですし、家事をして庭いじりもしますから、ルーズフィットで動きやすいことも大事。加えてわが家は自宅兼事務所になっていますから、急に人が来ても恥ずかしくない、少しだけファッション性のあるアイテムならパーフェクト。中でも綿シャツとボタンダウンシャツは、清潔感があってオンオフどちらにも対応する優れもの。洗うほどに柔らかくなる素材感も気に入っています。トラッドなアイテムですが、どの時代にもマッチする私のザ・ベーシック。ありがちなアイテムでも、手持ちのものを組み合わせることで、自然に自分らしいスタイルになっているのではないかと思っています。

ファッションは〝自分流〟でいいと思っています。人は歳を重ねていろいろな経験をしながら人として成長し、内面も見た目も変わっていきます。若いころとは異なるライフスタイルになり、素晴らしいことも辛いこともたくさんある中で、なんとか生き抜いて迎えた60代です。そんな今だからこそ、ファッションで本来の自分を表現できると感じていますし、そうすべきだと思っています。

お手本は街中で出会うかっこいい人

海外で日本で、街を歩いていると、かっこいい女性にたくさん出会います。それは、雑誌を真似たようなスタイルではなく、確固たる自分のスタイルを持っている人。さり気なくファッショナブルで、洋服に着られることなく、きちんと着こなしている。だからでしょうか、歩く姿もかっこよく、輝いて見える。その人自身の魅力に惹かれるのですね。そして「どこでショッピングしているのかしら？」と、その人のことをもっと知りたくなる。ファッションの影響力はすごいと思います。

今のファッションは年齢的な区切りを感じさせませんから、若い人でも目を引く人はたくさんいますし、とくに「いいね！」と思ったら、すぐに真似します。また自分がそのよさを理解していなかったアイテムを、素敵に着こなしている人に出会えると「なるほど〜、そうすればいいのね、ありがとう！」と、心の中で感謝するのです。

Happy

ありのままの自分を
楽しんでいる感じが素敵。
普段は肌を出さないけど
彼女を見ていると
やってみたい！
と思うのです。

Cool

着物は日本女性の特権。
着こなせている方は
立ち姿もセクシー。
美しい生地をまとい
可愛い帯だけ締める
シンプルさも大好き。

Natural

いつもノーメイクで
颯爽《さっそう》と歩く物書きさん？
買い物はエコバッグ！
環境のことを自然に
生活に取り入れている
姿がかっこいい！

グレーヘアが色の選択肢を広げる

今ではすっかり白髪ですが、増え始めたのは30代後半。最初は「まだ若いし」と、なんとなく気になって染めていました。でも、本来の自分の髪色とあまりにも異なっていたこともあり、それまでに好んで着ていた洋服が、「何を着てもしっくりこない」という時期がありました。メイクも、染めた髪の色に合わせていたら、本当の姿からかけ離れ……。染めるのは隠すということ。「ウソの色だな～」と、染めることにだんだん違和感を覚えるようになりました。それで思いきって染めるのをやめてみたら……気持ちも軽くなってすっきり。メイクと同じで「やっぱり、ありのままがいい」と、自分のスタイルを見直すきっかけになったのです。

染めるのをやめて、自然な白い髪が伸びてからやっと、自分らしい雰囲気を取り戻せたと思います。そして、今まで好んでいたけどしっくりこなかった色たちが、また違和感なく着られるように。

私のワードローブは昔も今も変わらず、ホワイト、グレー、ブラウン、ベージュ、ネイビーなど、ベーシックカラーが基本。心地よく感じるナチュラルなカラーが好きです。そこに試しに以前はしっくりこなかったピンク色を入れてみたら「いいじゃん！」と思えるように。ただ、もともと派手な色のコーディネートは、無理をしているように感じるから苦手。ですからあくまでアクセントに。シャツやスカーフ、エコバッグなどアイテムは限定されますが、明るい色を1点入れるだけでコーディネートの印象は激変。気分も明るくなり、モチベーションも上がるのです。今ではオレンジやイエロー、ブルー、パープルと色数が増え、クローゼットの中まで明るくなりました。

「白髪にすると老けて見えない？」と言われますが、でも「白くなっちゃったんだから、仕方ないじゃない！」と素直に受け入れ、「白髪の自分を楽しもう！」と切り替えてみると、新しい発見に出会えます。例えば、白い髪は備えつけのライトのように、顔に自然の照明を照らしてくれるので、実は肌色を明るく見せたり、艶感をアップさせたり、美肌効果も。最近は白髪をプラチナグレー、グレーヘアと素敵に呼んでくれますし、雑誌でも特集が組まれたりして、白髪を楽しんでいる人も増えてきました。そうした女性を見かけると、お仲間みたいで嬉しいものです。

少しずつ増えてきたカラーアイテム。
今までは避けていた色もグレーヘアなら不思議とOK。
この歳で色の冒険ができるなんて素敵。

今では真っ白ですが、私の個性ですから
とても気に入っています。

コーディネートの基本はMix&Match!

正直なところ、ファッションにはあまり時間をかけたくない。でも何か着ないと1日が始まらないから、朝起きて何も考えずに着られる服があればいいのにと思うことがあります（笑）。例えば、まったく同じ洋服を7枚持っていれば、1週間、毎日同じコーディネートができてラクチンとか。でも、私はそこまでのミニマリストにはなれないし飽きっぽい。ファッションの楽しさも知っている……だから、やっぱり毎朝悩むのです。

といっても、今は自分の基本スタイルができていますから、昔ほどではありません。Tシャツとジーンズのような、シンプルでカジュアルなコーディネートが好きなので、季節に合わせてアイテムを変えながらやりくりしています。

シンプルが好きだからこそ、それなりにルールはあります。まず、私が心がけているのはMix&Match。シンプルにすると、上から下まで同じブランド、同じ色や素材になりがちで、面白みのないスタイルになってしまいます。ですからセット感のあるコーディネートはNGです。

そうならないように、例えば新しいものと古いもの、光沢のある素材とマットな素材という感じで、相反するものを合わせたり、色もパステル系のやさしいトーンにビビッドなカラーだったり、ホワイト×ホワイトのような同色でしたら、色のトーンや素材感で変化をつけます。また、フェミニンなアイテムにマニッシュなアイテムを合わせるなど、テイストミックスするのもいいですね。面倒になると忘れがちですが、これを押さえておくとこなれた雰囲気にまとまります。自分なりの工夫、個性を入れることで、自分だけのスタイルが生まれると思いますから、ファッション誌をそのまま真似たようなスタイルも、私の中ではなしです。

そして、いい大人ですからTPOは大切に。きちんとしたシーンには必ずジャケットを羽織ります。トップスは襟のあるシャツやニット、ボトムスにはカプリパンツやスカートなど、清潔感、上質感のあるアイテムを活用します。さらに、アクセサリーやスカーフでアクセントを。特別なときには、大好きな『ボッテガ・ヴェネタ』のバッグや『フェンディ』のクロスボディ、『トッズ』のトートバッグの出番。とくにブランドにはこだわりませんが、キメのアイテムを持っていると安心です。

デザイン性のある『マルニ』のワイドパンツを主役に
大好きな『イントゥーカ』のカットソーをシンプルに合わせたお買い物スタイル。
最近は可愛いエコバッグに夢中です。

自宅にいるときはリラックス感を大切に。
やさしい素材感とストレスフリーのシルエット
そして、突然の来客にも慌てない
ほんのちょっとのおしゃれ感を忘れずに。

アクセントアイテムで好感度アップ

アクセサリーはコーディネートを格上げするためのキーアイテム。私の場合は洋服が極めてシンプルですから、1点加えるだけでその効果は絶大。ですからお出かけするときは、気分によってイヤリングやネックレス、ブローチをつけて、私なりの遊びを加えます。ポイントは、洋服とは真逆のデザインを選ぶこと。華奢《きゃしゃ》なデザインでは変化をつけにくいので、大きくてキラキラとしたちょっと派手めのものをチョイスしています。でも、高価な宝石は「きれいだな〜」と思いますが、私には似合いませんし、落とすかもと考えると怖くてつけられません。ですから私のアクセサリーはプチプラばかり。遊び心のある楽しいデザインが好きなので、このくらいがちょうどいいと思っています。普段はダディがプレゼントしてくれたブレスレットのみ。家事や庭仕事には必要ありませんから、アクセサリーは見せるアイテムとして使っています。

ネックレスは
インパクトが大事。
モチーフが大きいものや
長めのデザインが好き。
重ねづけも楽しみます。

唯一、肌身離さず
つけているのは
ダディにもらった
『カルティエ』のトリニティ。

モチーフが可愛い
ピアスとブローチ。
収納ボックスが
おもちゃ箱みたいで
ワクワクします。

帽子でおしゃれに紫外線対策

紫外線は肌の大敵。一年中ＵＶクリームでしっかりガードはしていますが、それだけでは不安です。とくに初夏から秋口までは日差しが強くなるので、念押しでツバのある帽子をかぶります。

お出かけ用にはストロー素材を選んで季節感を演出します。ざっくり編みならカジュアルに、繊細な編みならシックにも。編み方や色で雰囲気が異なりますから、シーンに合わせて使えるように数種類持っています。冬から春は寒さ対策としてニット帽を愛用中。耳まですっぽりかぶれば頭部はぬくぬくです。カジュアルになりすぎないように、ダークカラーを選んで締め色にしています。帽子はどの年代でも使えるアイテムですが、だからこそかぶり慣れた大人の女性が使うと自然にかっこよく決まるのではないでしょうか。

とはいえ、丈夫な骨づくりには適度な紫外線が必要だったり、またＵＶクリームのケミカルな成分も気になっていたりと、実は矛盾だらけでパーフェクトは難しい。何事もほどほどがいいのかもしれませんね。

紫外線が気になる季節は
エレガントなストローハットで
おしゃれに日差しを避けます。
寒い季節はニット帽で。
娘が編んでくれたものをかぶると
自然に笑みがこぼれます。

シューズは履き心地が一番大事

例えば、ドレスアップしてパーティに出かけても、ハイヒールのせいでまったく楽しめない……。なんて経験はありませんか？　私は大いにYES！　足が痛くて痛くて、イライラ……。立食だったらもう最悪です。早く家に帰って解放されたい。頭の中はそればかり。そんなときに、フラットなパンプスで颯爽《さっそう》と歩いている女性を見かけると、「ヒールじゃなくてもかっこいいじゃない！」と思うのです。ですからずいぶん前にハイヒールを卒業し、すっきりと手放しました。

靴は大好きですがラクじゃなきゃダメ。フィット感がよく、履き心地がいいことが大前提。「少し痛いけど、まあいっか」、もNGです。最近はおしゃれなフラットシューズやスニーカーがたくさんありますから、エレガントなデザインを選び、カジュアルなパーティにも履いていきます。

靴もコーディネートの一部。洋服に合うことも大事ですし、少し派手めのデザインを選べばアクセントになります。おしゃれは足元からと言いますから、流行より自分らしいものを選びたいのです。

ローヒールのパンプスやマニッシュなレースアップ。
履き心地重視で選んだものは、
自然と出番が多くなり、私の一部になっていきます。

自宅が好きだから部屋着にこだわる

ルームウエアは、プライベートな時間に着る自分のための洋服。誰に見せるわけでもないけれど、ルームウエアをまとってゆったり過ごす時間が愛おしいので、普段着よりこだわっているかもしれません。

素材にはコットンやリネン、カシミア、ウールなど、肌触りがよく上質感を求めます。軽くて薄いものを選んで、重ね着するのも好きです。デザインはゆったりとしたルーズフィットのセットアップタイプ。色は清潔感のあるホワイト系が落ち着きます。さっと羽織れるおしゃれなガウンと温かくて柔らかいストールも欠かせません。

旅先にも必ず持参し、ルームウエアに着替えてホテルの部屋にこもり、読書を楽しむのが至福の時間です。左の写真がその一例。ワンピースのような可愛いガウンなので、そのままロビーに降りてコーヒーを飲むくらいは平気です。ルームウエアのよそ行き版でしょうか（笑）。

身につけるもので1日の気分も変わりますから、誰にも会わずリラックスしたいときは、ルームウエアが私の最強アイテムなのです。

好きなルームウエアをまとったらオフモード。
アロマオイルを焚いてキャンドルを灯し
読みたかった本に没頭します。

いくつになってもファッションは楽しい

ファッションはある意味、自分を守るための鎧《よろい》です。人は見た目ではないけれど、初対面の場合は見た目で判断されやすく、嫌な態度をとられたりすることもたくさんありました。ですから、年齢に関係なくファッションにはきちんと気を配りたいし、自分なりに楽しみたいのです。

自分がハッピーに感じるものを身にまとっていると表情もハッピーになり、まわりの人を引き寄せます。洋服がメッセージになり、それを受けとってくれる人がいて、新しいつながりが生まれるのだから、ファッションはこれからの人生に明るい光を照らすツールになるでしょう。

この歳になれば、自分の好みやスタイルがはっきりしていて、ファッションを自由に楽しむための力は備わっています。ですからなりたい自分になれるのです。新しいストーリーを思い描いて、ときには映画のワンシーンを演じるように、いろんな自分を楽しんでいけたら素敵ですね。

どんなスタイルも、シンプルで心地よくがテーマ。

Chapter 4

小さな幸せを重ねて暮らす

気持ちが安らぐ生活感のある空間が好き

私にとって豊かな暮らしとは、高級フレンチを食べることでも、ハイブランドの洋服に身を包むことでもありません。正直、贅沢三昧《ぜいたくざんまい》な暮らしには興味がなく、わが家でゆっくり過ごす時間が、私にとって至福のひとときです。

18年前に建てたわが家は、私たち家族の歴史の証人でもあり、一緒に歳を重ねてきた大切な場所。私はスウェーデン人とのハーフなので、「お家は北欧風?」と聞かれることもありますが、インテリアのテーマやこだわりはとくにありません。一目惚れして買ったものや好きな人がくれたもの、娘が小さいときに作ってくれたものなどをなんとなく飾っていったら、愛おしい空間に仕上がったというわけです。

ミニマリストのようにシンプルな空間は、掃除がしやすいだろうなあという思いはあるものの、少しずつ増やしていった〝好き〟が居心地よく、統一感がなくても気になりません。それどころか、飾ってあるものを見るたびに、「これを買った家族旅行は楽しかったなあ」とか、「あれはおばさんがデザインしてくれたもの。最近どうしてるかな？」といったふうに、当時の楽しかった思い出にタイムスリップしたり、贈ってくれた方に想いを馳せたりすることができ、幸せな気持ちになるのです。ですから、もちろん〝好き嫌い〟で飾るか飾らないかを決めることもありますが、一番の基準は〝意味があるかどうか〟。飾る意味や、そのもの自体に意味があるかどうかが、私にとって重要なのです。

また、モデルルームのような無機質な雰囲気は逆に居心地が悪く感じてしまうので、ある程度の生活感があったほうが好きです。人がそこで生活している、という温もりに安心感を覚えるのかもしれません。きっちり収納しすぎて、「どこにしまったかしら？」と、慌てる姿が目に見えるという理由もありますが（笑）。

自宅で過ごすことに喜びを感じますが、もちろんお友達の家にお招きされるのも大好き。家にはそれぞれ家主の想いが詰まっていて、人となりのようなものが表れるのだと思います。ですから、家を見れば、その家主の意外な点が発見できるということ。お宅拝見はひとつの楽しみでもあります。ですが、わが家に帰るとやっぱりほっとするのです。

（上）天井の高さにこだわったリビング。
ここでホームパーティをすることも。
（下右）リビングの書棚横の壁には、
鳥の絵をペイント。
（下左）玄関前のギャラリースペース。

（左）庭の石張りの
テラスは夫婦の
お気に入りスポット。
（下）ガーデンオーナメント
は、おば・結城美栄子の
作品。

自然に寄り添いながら自然体で暮らす

わが家の中心は、庭に面したキッチン、リビング、ダイニングです。中でも、大きな窓から庭が見えるキッチンは特等席。窓に映る景色が一枚絵のように感じられ、日々刻々と変わる風景画を見ているような気持ちにさえなります。

青々と生い茂る新緑、雨でより鮮やかな緑となる芝生、秋にかけて黄色や赤に色づく木の葉、落葉を終えた裸木……庭を見ていると天気だけではなく、季節の移り変わりを肌で感じることができ、都会にいながら臨場感のある自然を味わうことができます。そんな庭の中に身を置いていると、私たち人間も、この大自然の中の動物のひとつでしかないことを実感します。ついつい私たちは、人間とその他の動物とを切り離して考えてしまいますが、人間も動物の一種。自然の中では、生きとし生けるものすべて、同等なのだと思わずにはいられません。

だからこそ、できるだけ自然と共生していきたい。日の出とともに目を覚まし、太陽の光を浴びながら働き、暗くなる前に帰宅して、日没とともにゆっくり眠りにつく。そんなふうに、自然の摂理に逆らわずに寄り添って、日々を過ごしていきたいと思っています。

そして、せっかく春夏秋冬がある日本に暮らしているのだから、それぞれの季節をもっと楽しみたいと思います。各季節特有の空気感やにおいを感じとったり、八百屋さんに並ぶ野菜がガラッと変わるのを目で楽しんだり、フラワーショップに陳列されている花の香りの変化を嗅ぎとったり……そうやって、季節が巡ることを五感で感じたい。ですから、わが家は季節の飾りつけはクリスマスこそ気合いを入れますが、それ以外の季節は、家の中を時期物の花や草木で飾るだけ。人工的なものではなく、できるだけ自然に近いものを飾ることにより、視覚や嗅覚で春夏秋冬を感じています。

中でも、空気の乾いた感じや、紅葉が美しい秋が一番好きな季節。刺激的な夏が終わった切なさや、味わえてよかったという幸福感に満たされます。そして、冬に向かって暖をとる準備も楽しいもの。人間の一生を四季に置き換えると、60歳を過ぎた今は、いい感じに枯れてきた晩秋でしょうか。次の季節に期待を込めて、老い支度をしています。

〝ちょっと適当〟ぐらいが心地よい

私は、「整理整頓」という言葉がまったく似合わない人間だと自覚しています。きっちりものをしまうと、しまった場所がわからなくなり、最終的にはそのものの存在さえ忘れてしまいます。ものは使ってこそ輝くと思っているので、見た目よりも使い勝手のよさで収納場所を決定しています。もちろん、家の中のことをするのは好きですから、毎日、掃除はするし、手入れも欠かしません。ですが、完璧主義ではないので、どこかいつも抜けている。どちらかというと、〝適当に清潔〟でしょうか。ちょっとゆるいぐらいが、性に合っていて心地よいのです。

例えば、夜、眠気が襲ってきたら、たとえ洗い物がシンクにあったとしても、我慢せずに寝てしまいます。朝一で洗えば問題なし！と、自分を少し甘やかすのです。もちろん、シンクに溜まった洗い物は気持ちのいいものではないけれど、それを許さずに体にムチを打つのも考えもの。

息が詰まってしまうし、あまり自分をいじめたくない。

だって、シンクの中を見るのは、娘が独立した今、私かダディだけ。彼も神経質な性格ではないので、私がちょっと手抜きをしていても何も言わないし、逆に彼が少しだらしなくても見て見ぬふり。「ふたり暮らしなんだから、好きなように、ラクしていこう！」と、お互いがお互いを許し合う、リラックスできる関係です。

自分を許す、という意味では、今の自分の年相応の外見に関しても、受け入れています。同世代の方の中には、シワを見てひどく落ち込む方もいますが、シワは私が生きてきた年輪だと思いますし、無理にあらがおうとは思いません。

何事に関しても、完璧を求めたり、理想を徹底追求したりすると、心身が疲弊します。もちろん、ほこりひとつなく、すっきりとした家がいいし、シミやシワひとつない若い肌がいい。ですが、それを求めることは、どこか無理をしないと手に入れられないですし、自分らしさが失われるような気がします。そして、「もっと、もっと……」と、その欲求は高まるばかり。だからこそ、不完全な自分を許す、そんな度量が私には必要なのです。手を抜くところは抜き、抜いてはダメなところは、抜かない。そんなふうに、何事もバランスを大事にしていきたいです。

〝買わない〟からものを減らして身軽になる

何年も前から、ものをあまり買わなくなりました。もちろん、「これは！」という胸がときめくようなアイテムに出会ったときは、思わず財布の紐がゆるくなることもありますが、若いころのように、「あれもこれも！」といった物欲はすっかりなくなりました。

あと何年生きるかわからないので、できるだけものを持たずに身軽に生きていきたいと思います。ものをたくさん残してこの世を去ると、残された人たちが処分に困るというのもありますが、自分のものは、責任を持って自分自身がケリをつけるべきだと思うからです。ですから、ものを増やさないことはもちろん、減らす努力をしています。

体型に合わなくなった洋服や、雰囲気にマッチしないファッション小物などは、毎年バザーに出品して、次の持ち主を探しています。また、娘がいるので、彼女が気に入ったものはどんどん譲って、クローゼットの断捨離を決行中。少しずつコンパクトな生活に近づいていっています。

そうすると見えてくるのは、自分の〝定番〟。ものを買わなくなった理由のひとつとして、定番だけで十分生きていけるからというのもあります。

洋服は、シンプルでスタンダードなもの。化粧品は、肌にやさしいナチュラルなもの。私の中で「これ！」というマイスタイルが確立されたので、新たなものに食指が動くことはほぼなくなりました。

一方、使わなくても手放すことができないものもあります。それは、家族の想いが詰まったもの。スウェーデンの曾祖母から受け継いだものや、母が私の娘のために作ってくれたもの……。そうした唯一無二のものは、ずっと手元に置いておきたい私の宝物です。

（右）曾祖母による手編みブランケット。（中央）母が編んだ娘と人形用のニットカーディガン。（左）曾祖母から受け継いだキャンドルホルダーとスプーン。

1日、1時間を大切に暮らす

時間は有限。とくに、人生の半分以上を生きてきた私にとって、残された時間を考えると、今まで以上に「あれもしなきゃ、これもしなきゃ」と、忙しい気持ちになります。ですが、焦ったところで、時間の経過が遅くなるわけでも、残り時間が増えるわけでもありません。1日、1時間を大切に暮らしていくしかないのです。

好きな人と好きな場所で楽しく過ごしたい――。同じ瞬間は二度と来ないので、そのとき、その場所での自分の喜怒哀楽を噛みしめて生きていきたいと思います。そして、人生は長いようで、あっけないもの。大好きな家族や友人たちとあと何年一緒にいられるかわかりませんし、時間をできるだけ有効に使いたいと思います。

そこで発揮するのが、主婦魂。複数の料理を同時並行で作るのと同じ要領で、同じ時間を二つ以上の目的に使うことがよくあります。例えば、買い物に行きがてら、腕を振ってウォーキング。掃除をしながら、手足を伸ばしてストレッチ。電話をしながら、柔軟体操。テレビを見ながら、顔や頭皮のオイルマッサージ……、そうやって、一石二鳥（ときには三鳥）を狙って、時間を有効活用しています。時間を短縮できたぶん、好きな人と一緒に過ごせる時間が増えるというわけです。

そんなふうに、ひたすらに生きていますが、ときには家事や仕事など日々のあれこれから解放されたいと思うときもあります。私の顔が少しこわばってきたら、ダディは「そろそろニューヨークに行ってきたら？」とすすめることも。ニューヨークは娘が住んでいる街で、私が一番好きな旅先。そして日常の喧騒を一切遮断して、自由気ままに生きられる場所でもあるのです。日常ではなかなかとれない読書の時間が唯一とれるのもニューヨーク。お気に入りの書店のすぐそばのホテルに滞在し、初日に目星をつけた本を買い込んで、優雅に読書タイムを満喫します。観光はせずに、滞在時間は読書にあてるという、贅沢な時間の使い方です。帰国するときには、娘に会えた喜びと、のんびりとしたニューヨーク滞在で、私の心のエネルギーもすっかり充電されています。

そんなふうに、時間の使い方のスイッチのオンとオフを上手に切り替えながら、残された時間を有意義に使いたいと思います。

植物と触れ合い人付き合いを知る

庭いじりをしていると、どんなに手をかけてもうまく育たなかったり、放置した途端にイキイキと葉を茂らせたりと、自分の期待に応えてくれないことが多々あります。よかれと思った手入れの仕方が、実はその植物にとってNGだったこともよくあること。そんなふうに、杓子定規《しゃくしじょうぎ》なやり方ではうまくいかないのが植物です。それは、きっと人間関係でも同じことがいえるのではないでしょうか。

人間も、あれこれ世話を焼いてほしい人がいる一方で、ひとりを好み、人との距離感を大事にする人もいます。ですから、植物と接するように、人との付き合い方も柔軟に変えていく必要があるのかもしれません。

例えば、なかなか話が盛り上がらずにそっけない人がいるとします。そのとき、相手は自分のことが嫌いなんだと思い込めば、悲しい気持ちになり、ともすれば相手に対して苦手意識を持ってしまうかもしれません。

ですが、水を好まない植物があるように、「この人はおしゃべりがあまり好きじゃないだけかもしれない。だから私に対して、怒っているわけではない」と考え、一定の距離をとった途端にうまくいく、なんてこともあります。植物と同様、他人の気持ちを意のままに操れるわけではないので、自分自身のとらえ方や付き合い方を変えるしかありません。

また、意図せず人を傷つけてしまうことがあります。太陽が好きだと思って、日なたに置いた植物が、実は日陰を好む性質だったというふうに、「悪気はないのに……」ということが人間関係でも起こります。だからこそ、人は自分とは違う、ということを念頭に置いて接すれば、無駄な諍《いさか》いを避けられるはずです。

人との付き合い方に万能な方程式があるわけではありません。押してダメだったら引いてみる。一回で諦めるのではなく、こちらの対応を少し変えてみる。何をやってもダメなら、気に病むことなく、いったん離れてみる。そうやって、人間ひとりひとり性格が違うことを理解して、しなやかな対応力を身につけることが、肝心なのだと思います。

せっかくつながったご縁ですから、なかなか切りたくはないもの。人付き合いのコツを植物から教わることで、ほんの少し生きやすくなるのかもしれません。

ひとり時間でパワーチャージ

私にとって一番大切な時間はダディや娘と過ごす時間。そして、気の置けない友人たちと語らう時間も欠かせないひとときです。ですが、ひとりで自分自身と向き合う時間もとても大事にしています。

朝、コーヒー片手に新聞を読む時間。昼下がりに、テラスのベンチに座り緑を眺める時間。夜、お風呂に入りながら物思いにふける時間……自分だけの時間を持つことで、思考をクリアにし、気持ちをいったんリセットしています。そうしたひとり時間が明日への活力になることも。

中でも一番のリフレッシュ方法は、絵を描くこと。キャンバスは画用紙だけではありません。「もっと大きな絵を描きたい」と、まわりを見回し見つけた場所は、なんと家の壁！　私にとって最高の自己表現の場所です。脚立を用意し、パレット片手に思いのままに筆を動かします。リビングには鳥を、キッチンには猫を……、家がずいぶん明るくなりました。ロケで長期間家を不在にしたダディが帰宅した際、次はどこに描かれたのかと、ビクビクしながら扉を開ける姿も面白いものです。

テラスのベンチに座って、コーヒー片手にひと息。
ときには何も考えずに、ぼーっとする時間を持つことが大事。
忙しい気持ちをリセットし、心にゆとりをもたらします。

悩みの種は早めに摘みとる

一度しかない人生なのだから、ハッピーな気持ちで毎日を送りたいと思います。ですが、常にいいことだけが自分に起こるとは限りません。ときにはハプニング的に、ときには必然的に、ネガティブな事象は突然やってきて、イライラしたり、悲しい気持ちになったりするものです。そうしたマイナス感情にとらわれてしまうと、頭の中に考えたくなくても考えてしまう悪循環の道ができてしまいます。すると、ネガティブ思考に拍車がかかり、どんどんアンハッピーな状態に。

ですから、悩みの種は、負のスパイラルに陥る前に、必ず解決するようにしています。まず「気にするのか」「気にしないのか」を決めます。気にしないなら、それはそれでOK。そこで思考の渦から抜け出し、さっさと気持ちを切り替えます。もし、気にするなら、具体的な解決案を考えます。そんなふうに、客観的に悩みやイライラと対峙《たいじ》できるようになったのは、実はそう昔のことではないのです。

今でこそ年中ハッピーオーラ全開で生きていますが、もともとの性格は悩みやすくてセンシティブ。15歳のときからモデルの仕事を始めたり、21歳で妊娠、出産を経験したりと、環境の変化についていけず、プレッシャーに感じることも多々ありました。思春期の時期に、親が離婚したことによるストレスもあったのかもしれません。気がつけば、体が悲鳴を上げ、過呼吸を頻繁に起こすように。ひどいときは、突然パニック状態に陥ることもありました。最近では、病名がつき治療法が確立され、薬などでうまく付き合っていける症状かもしれませんが、当時は原因不明で、病院を転々とする辛い日々でした。

一度気持ちが落ちたら、上がるのは大変な時間と労力が必要。「もう辛い思いはしたくない」、そんな自己防衛にも近い思いで編み出したのが、悩みの種を客観的に、そして、多角的に分析することでした。円柱は、上から見ると円形ですが、側面から見ると四角形をしています。同じように、悩みも角度を変えてみれば、これまでとは違って見え、取るに足らないことだと思えたり、思いもよらなかった解決方法が思いついたりするものです。そうすることで、ネガティブな気持ちに支配されず、平常心を取り戻すことができるのです。

へこんだら考える感謝すべき10のこと

ネガティブな気持ちに支配されないためには、悩みの種を客観的に、多角的にとらえて、解決策を考える、と述べましたが、それでもへこんでしまうことは、今でもあります。

そんなときは、悩みとは別に、感謝すべきことを10個考えるようにします。「今日の朝焼けがきれいだった」「朝ごはんが美味しかった」「トイレットペーパーが切れることなくストックされている」「蛇口をひねれば水が出てくる」「息をすれば新鮮な空気が入ってくる」「近所の方が『おはよう』と挨拶してくれた」「庭に可愛い鳥がいる」……取るに足らないことでも、なんでもいいのです。日々の生活で〝当たり前〟になりすぎていることを見直し、その環境にいられることに感謝する。「イヤなことがあったけど、私ってすごく恵まれてない？」と思えば、自分が抱えていた悩みが急にちっぽけなものに見えてきます。

そんなふうに、常に「感謝すべきこと」を考えていると、ハッピーホルモンが体中から溢れ出るようになります。自然とプラス思考が癖になり、物事をネガティブにとらえることも少なくなりました。ネガティブをいかにポジティブにもっていくか——、落ち込んだら這《は》い上がるのが大変だと知っている私にとって、ポジティブに考える癖をつけることはとても大切なのです。

また、頭の中だけで解決しようとするのではなく、環境をすっきりさせることで、気持ちをリフレッシュさせることもできます。私は、空気がよどんだ状態が大の苦手。朝起きたら、家中の窓という窓をすべて開けて、空気の入れ替えをします。風で書類が飛んでも、窓から虫や猫が侵入してもお構いなし。家の中に風を通すことで、停滞していた悪い気まで吹き飛ばされるようで、気持ちがすっきりします。そして、毎朝、布団を干し、湿気を太陽の光で乾燥させます。これさえすれば、寝室の空気は爽快なものになり、いい眠りにつけるのです。

人の人生はせいぜい100年。あっという間に時は過ぎるので、イヤなことや、つまらないことで悩んで、1日を無駄にするのはもったいない。ですから、プラス思考を身につけ、「Be happy」な状態を意識して作ることが、幸せな人生を送るカギになるのだと思います。

日常の喧騒を忘れさせてくれる、わが家の小さなオアシス――。

Chapter 5

自分のこと
夫婦のこと
家族のこと

日本とスウェーデンハーフの自分が好き

1955年、スウェーデンのストックホルムで、日本人の父とスウェーデン人の母との間に生を受けました。そのとき父は20歳、母は19歳というかなり若いカップルで、父方の両親の反対を押し切っての結婚でした。今から60年以上も昔のことですから、当時住んでいたストックホルムの街ではアジア人のハーフは珍しい存在。数百人いるようなマンモス小学校でも、私ぐらいしかいなかったので、その見た目から「チャイニーズ」と呼ばれることもありました。ただ、幼かったからでしょうか、自分の見た目がほかの友達と違うことを自覚することはなく、気に病むこともありませんでした。森や湖を駆け巡り、野花を摘んだり、道端のブルーベリーを食べたりと、スウェーデンの大自然を満喫する野生児のような幼少時代でした。

成長するにつれ、見た目の違いから差別的な扱いを受けることもありましたが、そんなハーフの自分が当時から好きで、今でも誇りに思っています。日本とスウェーデンという遠く離れた国に生まれ育った父と母が、ストックホルムで偶然出会い、恋に落ち、そして自分が生まれた。父と母の国境を越えた自由な恋愛が、当時にしては少しグローバルな感じがするからです。

父と母という異国人同士の恋愛から感じることは、同じ人間同士、国籍や肌の色の違いなんて関係ないのだということ。紛争や戦争は絶えず起こりますが、国境という人間が引いた線で争うのは悲しいもの。そうやって、自分の出自から世界平和に思いを馳せることもあります。

通っていた幼稚園でもアジア人は私だけ（中段、左から2番目）。

人生の道しるべは努力家の祖父

日本人の父が、なぜストックホルムで母と出会ったのか――、そのルーツは父方の祖父にあります。祖父は会津の農家の息子として生まれました。猛勉強の末、東京の大学に入学し、卒業後は外務省に入省することに。そして、戦後第一号の外交官として、家族帯同のもとスウェーデンに赴任することになったのです。そのとき、父は14歳。外交官の家庭ですから、数年経つとまた別の国へと転勤することになります。ただ、スウェーデンの学校になじんでいた父は、単身残留することに決めたそうです。そして、出会ったのが青い目をした母でした。

外交官というトラディショナルな家だったため、祖父は父と母との結婚に大反対。父が長男だったこともあり、外国人の嫁ということに抵抗があったようです。ただ、そのときにはすでに、母のお腹には私が宿っていたので、反対を押し切って結婚。一時は勘当状態でしたが、結婚後に、祖父の赴任先であるスリランカの空港で、母から挨拶のハグをされた祖父は、急転直下、雪解けすることに……。母の可憐《かれん》で華奢《きゃしゃ》な雰囲気にノックアウトされたようです（笑）。

こうした昔話を聞くにつけ、会津の農家出身でコネもツテもないのに、外交官として世界中を飛び回るまでになった祖父を尊敬せずにはいられません。祖父の大学受験時は戦前ですから、英語教育は乏しいものでした。ましてや会津という地方の田舎町です。そうした逆境にも負けず、小さいきょうだいをおぶって、田んぼの仕事をしながら、英語の発音練習をしていたというエピソードには胸を打つものがあります。そうした祖父の血のにじむ努力があるからこそ、私は今こうしてここにいるのだと思うと、感謝の気持ちでいっぱいになります。

人生を変える勇気と日々の努力。そうしたものがあれば、どこにでも行けるという可能性を、祖父は私たちに見せてくれました。そんな努力家の祖父は、67歳という若さでこの世を旅立ちました。誰にも迷惑をかけることなく、仕事人として息を引き取った祖父の死に際の美しさもまた、私が祖父を敬慕する理由のひとつです。

理想の女性像は気丈な曾祖母

アンナという私の名前は、母方の曾祖母マリアアンナから名づけられました。曾祖母は「Mormor」（Morはスウェーデン語で「お母さん」という意味で、二つ重なると「おばあちゃん」）と呼ばれていました。本来なら曾祖母ですから、「Mormors Mor」が正しいのですが、家族からの呼び名はおばあちゃんという意味の「Mormor」。

なぜ「Mormor」なのかといえば、母の母（つまり、私にとっての祖母であり、曾祖母にとっての娘）が36歳で早世してしまったからです。当時、曾祖母は68歳。一人娘が残した子どもは4人。行政は母たちを児童養護施設に送ろうとしましたが、曾祖母は必死で交渉し、4人の孫を引き取り、女手ひとつで育て上げたのです。

68歳からの子育ては、生半可なことではなかったでしょう。当然収入は年金だけだったので、母たちは貧乏暮らしを余儀なくされました。夕飯は毎日マッシュポテトとピクルスだけ。普通なら気持ちが荒んでしまいそうですが、母を含めおばたちは口を揃えて「当時は楽しかった」と振り返ります。肝っ玉ひいおばあちゃんが常に笑顔を絶やさず、明るい雰囲気を作っていたからだと思います。

曾祖母にとって私は初曾孫ですから、とても可愛がられました。お金がない中、クリスマスには毎年銀のスプーンを1本贈ってくれることも(P.87写真左)。彼女の底なしの愛情に触れると、自然とこちらも温かな気持ちになりました。ただ、ハートフルでありながら、曲がったことが大嫌いというストイックな一面もありました。母やおばの父親たちが寄りつかなかったのは、曾祖母がしっかりしすぎていたからだね、なんて、今になって笑い話にしています(笑)。

93歳になっても、誰のサポートも受けずにひとり暮らしを貫き、ある朝調子が悪いと病院に行き、そこでひっそりと亡くなりました。父方の祖父のときもそうですが、その人の人となりや生き様は、臨終に表れるのかな、と思わずにはいられません。「Mormor」のような愛情深く、責任感の強い女性の血を引いていることが私の自慢です。

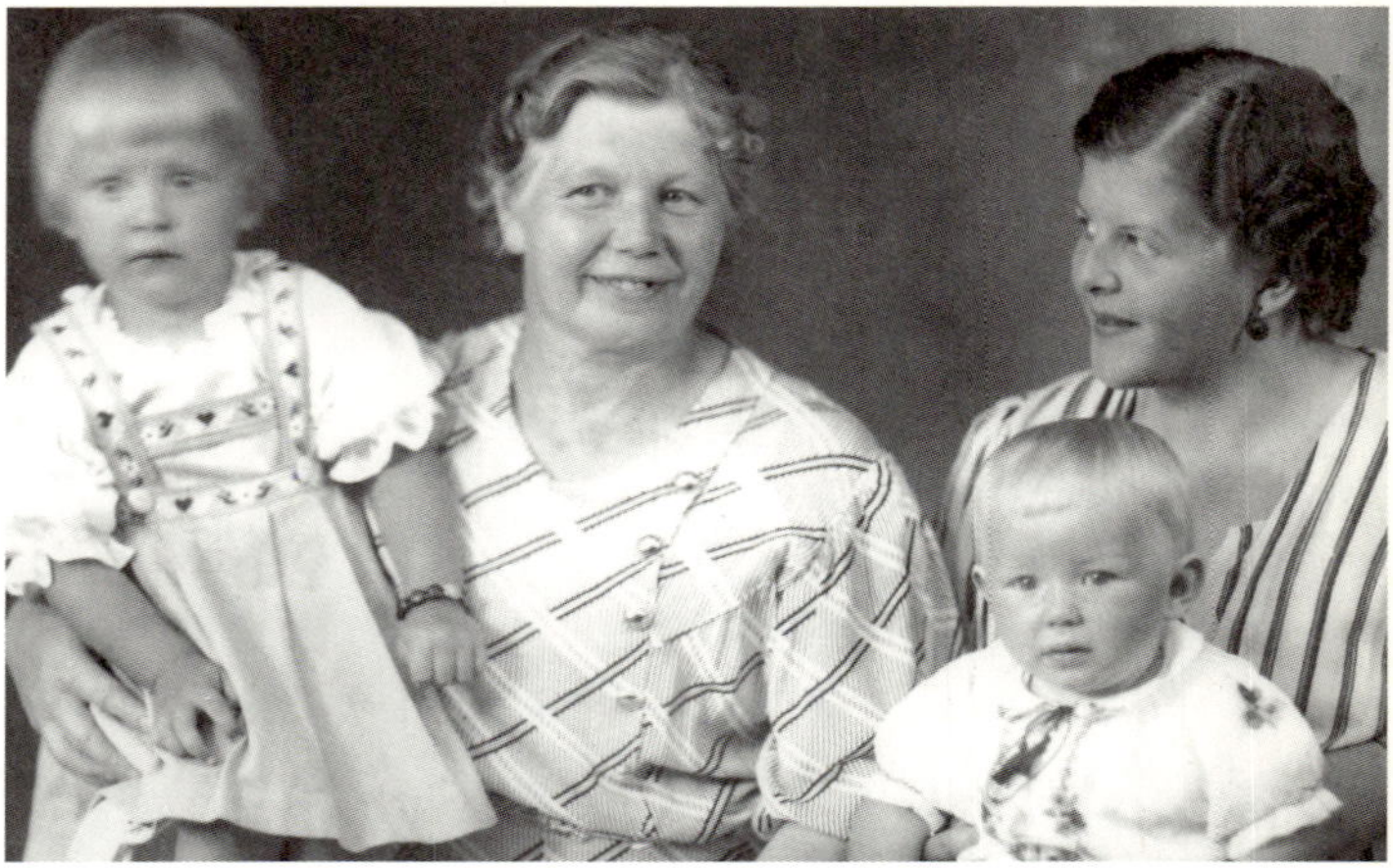

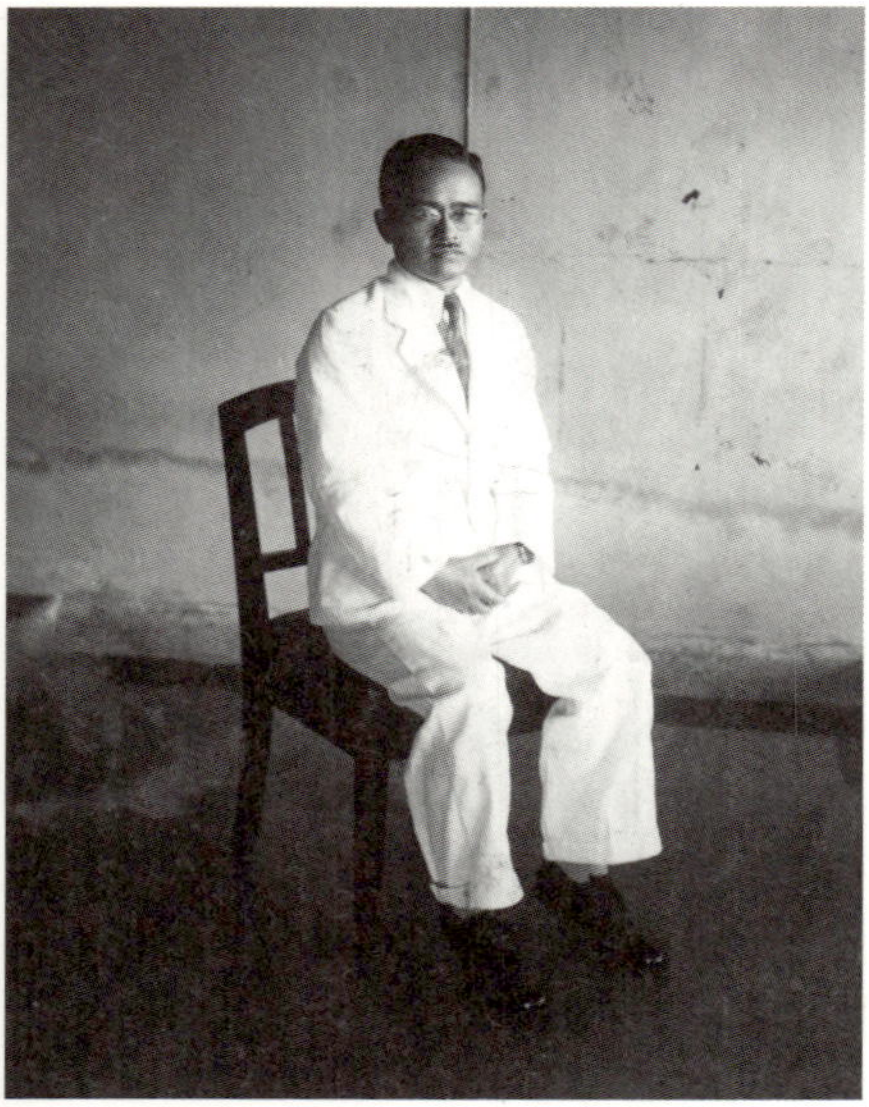

（上）存命中の祖母が写っている貴重な1枚。左から、私の母、曾祖母、おばさん、祖母。おばさんはあと2人います。（左）賢く努力家の祖父は私の憧れ。（下）祖父が幼い私を見つめるまなざしは愛情に溢れています。

Memorial Album

(左) 父方の祖母と。外交官の祖父を支え、海外を渡り歩いた祖母は、おしゃれで凛とした女性でした。(下) 父と母との3ショット。可愛い母に、祖父はすぐに勘当を解きました。

東京で見つけたモデルの道

日本人の血を半分引いているのだから、日本のことをもっと知るべきだと、11歳のときに父方の祖父母の家に1年間ホームステイしました。青山にある祖父母の家は、お菓子がたくさんある大きな家で、出入りする人たちにも可愛がられ、夢のように楽しい日本滞在。すっかり〝日本大好き〟になりました。甘やかされて過ごした1年で、なんと体重が10kg増！　1年後に迎えに来た母は、私を見ても気がつかず、「私の娘はどこ？」なんていう冗談みたいな反応をしたそうです。

ホームステイ中、祖父母が飼っていたプードルの散歩ついでに表参道を歩いていたらスカウトされ、モデルの仕事をかじったことがありました。もともとおば（父の妹）の結城美栄子が女優をやっていたこともあり、家には取材やら撮影やらで業界人が出入りする環境。芸能界は身近だったので、15歳のとき父の仕事の関係で日本に移住したあとは、ごく自然にモデルデビューを果たしました。

日本に移住後は、ホームステイ時に一時入学していたインターナショナルスクールに転入し、平日は学業、土日はバイト感覚でモデルの仕事をこなす日々。現場に行けば「可愛い！　可愛い！」と持ち上げられ、短時間で子どもにしては大金を手に入れることができる、という楽しくて甘い仕事に、私はどんどん生意気になっていきました。コマーシャルの仕事を中心に、『anan』といったファッション誌など、とにかく華やかな仕事に囲まれ、いい気になっていたと思います。当時は、お金を稼ぐことの大変さや、仕事が継続してあることのありがたさなど知る由もありません。

ただ、カメラマンや編集者、ディレクター、ヘアメイクなど、いわゆる裏方といわれる方たちが真剣に仕事に打ち込んでくださっている姿を目の当たりにしたことは、チームプレーの大切さを知るきっかけになりました。プロフェッショナル同士が協力し合って、いいチームワークを築けてこそ、初めていい作品ができるのだと痛感したからです。そして、モデルという仕事を通して、一見華やかな世界に見える芸能界にも、ほかの仕事と同じような厳しさがあることなど、〝働く〟ということのイロハを学ぶことができました。

(上) 芸能界デビューの足がかりとなったおばで女優の結城美栄子と。おばは英国のロイヤル・バレエ・スクールに在籍し、バレリーナを目指していた時期もありました。(左) 7歳のときに手芸本の着用モデルをしたことが。これがモデル初仕事かもしれません。

（上左）東京移住後すぐに決まった、『ハウス食品』のラーメンのコマーシャル。健康的な15歳の少女でした。（上右）東京でのホームステイ中の1枚。このあと10kg太ることに！（右）ママになったばかりの22歳ごろのモデル写真。モデル時代の写真は断捨離の一環でほとんど処分してしまいました。

ターニングポイントは娘の出産

ダディと出会ったのは、日本に移住しモデルの仕事を始めたばかりの16歳のころ。カフェでの初対面からすぐに恋愛関係になったのではなく、数年間はお友達の関係を続けていました。「ひっかかってはダメ！」と最初は予防線を張っていたからです（笑）。ですが、デビュー前の彼は、現場で力仕事をしていて、男らしく、守ってくれそうな雰囲気があり、いつしか惹かれるように。

恋愛関係に発展すると、早々に娘を授かりました。お腹に宿った新しい命に最初は戸惑いつつ、へその緒でつながったわが子が無性に愛おしく感じられました。私が抱いた感情、私が食べている食事、私が吸った空気、私が聴いた音楽……そういったすべてのことが、お腹の赤ちゃんに伝わっているようで不思議な感覚もありました。

生まれてからは「この子をちゃんと育てなきゃ！」という責任感が芽

生え、子育てに追われる目まぐるしい日々。モデルの仕事でチヤホヤされていた生活は、娘の誕生を機に一変し、私自身が生まれ変わったような大きなターニングポイントとなりました。

当時、彼の仕事もまだまだだったので、家計はいつも火の車。それでも自分の家庭を持てたことが本当に嬉しくて、自分ではない誰か、人のために生きることの尊さを知りました。

人生は素晴らしいですが、ときには辛いこともあります。ですから娘には、どんな状況に遭遇しても、それを乗り越えていける強さを持ち、困っている人がいたら手を差し伸べられるやさしい人間に育てたいと思っていました。ですから、多少厳しかったかもしれませんが、しっかりと子育てに向き合ったつもりです。そのかいあって、娘は私たちの想像をはるかに超える〝すっごく強い子〟に（笑）。

世界中、どこにでもひとりで行ってしまうし、仕事のあてもないのにアメリカに移住したり、その後もロス、パリ、ロンドンと転々としたり……、期待以上に自立心と冒険心の強い女性へと成長しました。今は結婚してニューヨークに住んでいます。遠く離れていても、愛しい存在。一生懸命、伸び伸びと生きている娘の姿を見ていると、それだけで幸せな気持ちになります。

正反対夫婦の円満の秘訣

彼は、外で遊ぶのが好き。私は、家でゆっくり過ごすのが好き。

彼は、リスクがあっても面白いものに惹かれるタイプ。

私は、石橋を叩いて渡るような慎重思考。

彼は、夜更かしタイプ。私は早寝早起き。

彼は、ジャンクフードが好き。私は、ヘルシーなものが好き……。

数え上げたらキリがありませんが、趣味も思考も、何から何まで正反対の私たち。そんなふたりがひとつ屋根の下で暮らすのですから、合うはずがありません。彼は「わがまま」ですが、私も意思や好みがハッキリしている「わがまま」な性格。当然、意見が合わずにぶつかり合うこともしばしば。ですが、意外とうまくいき、気がつけば40年以上が過ぎていました。

破天荒なイメージがあるダディとの結婚生活の秘訣を聞かれることが

あります。ひとつあげるとすれば、お互いのスペースと生き方を尊重することでしょうか。夫婦であっても、それぞれ別の人間であることを理解して、ほどよい距離感を保つようにしています。彼の〝好き〟と、私の〝好き〟が重なり合う必要はありません。各々が楽しめばいい。ですから、お互いの領域を無断で侵すようなことはしません。これは、夫婦関係だけではなく、親子関係でもいえることです。娘が高校を卒業するまでは、口うるさく言っていましたが、大学入学以降は娘がチョイスした道を応援するだけ。夫も娘も、自分の所有物ではないのですから。

と同時に、長く一緒にいるとお互いの欠点を補い合うような、まさしく〝片割れ〟のような存在にもなります。別の人格でありながら、ふたりでひとりという側面があるのも正直なところ。ですから、ケンカの火種になるようなことがあっても、自分を許すように、相手も許すようにしています。そうしないと、「わがまま」同士の夫婦は続きません（笑）。

ただ、お互いがそれぞれ違う方ばっかり向いていては、どこかでボタンのかけ違いが起きてしまいます。ですから、〝共有〟する時間が大事。夜、お酒を飲みながら、その日あったこと、出会った人、思ったことなどを話し合います。そうした時間を日常のどこかに持つことが、正反対夫婦にとって家庭円満の一番の秘訣なのかもしれません。

専業主婦になり家を守る

15歳から始めたモデルの仕事ですが、歳を重ねるごとに、仕事のスケールが小さくなり、現場に呼ばれる回数も減っていきました。ですが、当時は月の終わりになると、「お金がない！」というぐらいお財布事情は厳しいもの。細々とですがモデルの仕事を続け、娘が10歳になるまではワーキングマザーをしていました。ようやく、ダディの仕事が軌道に乗り始めたのを機に芸能界を引退し、晴れて専業主婦になりました。

きらびやかなモデルの世界から一転、家を守るだけの主婦になったことでギャップを感じたかといえば、答えはNO。同時代に一緒にやっていた同業の子が、第一線で活躍している姿を見ても、嫉妬心を抱くことはありませんでした。

というのも、モデルを辞められて心底ほっとしたからです。なぜなら、単純に当時の忙しい生活に心身共に疲れていたから。自分自身と向き合う時間や、娘と過ごす時間がもっと欲しかったので、芸能界を引退することに迷いも未練もありませんでした。「ようやく、子育てや主婦業に集中できる！」と安堵するとともに、新しい人生のスタートに胸が高鳴りました。

もともと家のことをするのが好きな性分でもあったので、専業主婦の暮らしはとても楽しかった。何か困ったことがあると、近所の方やママ友達に聞けば、すぐに助けてくれて、いろいろと教えてくれる。主婦の暮らしは単調な毎日では決してなく、想像以上にクリエイティブで、〝生活の知恵〟を学ぶことは、私にとって刺激的なことでした。

掃除して、買い物して、洗濯して、料理して……と、日々のルーティンの中にも、毎日新しい発見があったりして、「主婦って面白いなあ〜」といまだに思います。そして、もともと器用な性格ではなく、きまじめなタイプなので、思春期の娘の子育てにじっくり集中できたのもよかったかもしれません。

私は世界の平和をいつも願っています。そのためには、まずはわが家の平和から。その程度の平和も保てなければ世の中の平和なんて絶対無理じゃない？と思うのです。ですから、専業主婦のときであれ、兼業主婦のときであれ、わが家の平和を守ることが私の第一義です。

当時2歳の娘と公園で遊ぶ様子をキャッチした1枚。働きながら、子育てに向き合う毎日。娘の笑顔が一番の原動力でした。

(上) 3歳の七五三は、赤坂の豊川稲荷別院に参拝。ダディに抱っこされ、着物を着た娘が嬉しそう。
(右) ダディに手を引かれ、表参道を散歩中の2歳の娘。彼も育児に積極的に参加してくれました。

（上）ダディと共演した『ハウス食品』のカレーのコマーシャル。オーストラリアでのロケで、楽しい思い出です。（下）仕事ついでに家族３人水入らずを楽しんだアラスカでの１枚。

親を看取る
それは幸せなこと

60歳を過ぎてから、「あと何年生きられるか」「どのような晩年を過ごそうか」、そういったことを考えるようになりました。自らの最期を想像するようになったのは、お互いの母親を看取ったことがきっかけかもしれません。それまでは漠然と抱いていた〝老い〟や〝死〟のイメージを、親の介護を通してよりリアルに感じ、〝自分事〟として考えられるようになったからです。

とくに私の母親の介護は、ダディを巻き込んでの一家総力戦となりました。私が15歳のときに父の仕事の関係で日本に移住した母は、その後父と離婚。当時就いていた空港でのグランドホステスを辞めてからは、スウェーデンの雑貨を扱うお店を開いたり、ファッションデザイナーとして来日客相手にビジネスをしたりと活躍していました。言葉の通じない日本でひとり奮闘していた母でしたが、そんな彼女に異変が起きたのは

60代後半のことです。

当時、母は京都に住んでいたのですが、私の自宅に彼女からファックスが1日に50~60枚届くようになりました。書いてあることは意味不明で、妄想のような内容。びっくりして、病院に連れて行くと、アルツハイマー型認知症だと診断されました。

ひとりにはしておけないと、母を東京のわが家に引き取り、そこから在宅での介護生活がスタートしました。会話のキャッチボールがうまくできないことや、予想外の行動をする母の姿に、最初こそ心の余裕がありましたが、深刻化してくると、共倒れしてしまうのではないかと思うほど疲労困憊。食事、お風呂、トイレと、彼女の身のまわりの世話を24時間つきっきりでやるので、だんだん自分と彼女が同化していき、間違えて母に処方された薬を誤飲してしまうことも。お風呂に入れるのにもひと苦労、深夜家を徘徊する母に起こされ寝不足……と毎日がサバイバルでした。6年間自宅でケアし、専門の施設で最期を迎えました。

いつのまにか私のことを忘れ、大きな赤ちゃんになってしまった母の姿を見て、現在心身が健康であることに感謝するとともに、人生は短いのだから、今を大切に生きようと思うように……。母の晩年を一番近くで見たことは、自分自身の死生観に強い影響を及ぼしました。

60歳
これからの10年を考える

娘が独り立ちし、親を看取った今、ようやく自分だけの時間が増え、気持ちに余裕ができました。娘が小さいときは幼子を残して先に死ねないと、保守的に生きていました。夜中に具合が悪くなるかもしれないからと晩酌を控えていたほど。母を介護しているときも、いつ何時呼び出されてもいいように常に気を張っていました。そうした環境から解放され、ついに肩の荷が下りた気持ちです。

○○○のママ、○○○の奥さん、○○○の介護人……そういった肩書がはずれたことで、ようやく「結城アンナ」という個人に戻った感覚があります。今が一番身軽なとき。いつ自分が動けなくなるかわかりませんから、元気なうちにいろいろなことに挑戦したいと思います。とくにこれからの10年を大切にしたいです。そのためには、誘われればどこにでも行くし、自分の殻をどんどん破っていきたい。孤立はしたくないので、できるだけ社会とつながっていたいと思います。ダディとも、「最期まで仕事ができれば幸せ者だね」と話しているぐらいです。

30歳でモデルを引退してからは、夫婦共演以外はメディアに出ることはありませんでした。ですが、デビュー当時所属していたモデル事務所のオーナーに久しぶりに会ったときに、「なんで仕事しないの？」と聞かれて面食らいました。最初はオーナーの真意が理解できずに「マネージャーとして働かないかというお誘いかしら？」と思ったほど。その後、仕事の依頼を数件いただき、こんな私でも何かお役に立てることがあるかもしれないと、徐々に個人の仕事も再開することにしました。長らく芸能界から身を引いていた私にとって、オファーがあること自体ありがたい。需要がある限りは続けていきたいと思います。

私だけではなく、ほかの60代の方たちがどんなふうに過ごしているかにも興味があります。インターナショナル時代の友人には、海外に住んでいる方も多いので、その国ならではの〝オーバー60〟の過ごし方を聞き、自身の生活に取り入れることもあります。

また、いつまでも健康でいたいので、できるだけヘルシーな食生活を心がけています。ついついメディアの情報に踊らされて、すぐに健康食材に飛びついてしまうのが難点ですが……（笑）。

人生は映画のようなもの

自分の半生を振り返ると、必ずしもいいことばかりではなく、ときには泣きたいぐらい悲しいこともありました。まさに、人生山あり、谷ありだと思います。ですが、辛いことや悲しいことがあったからといって、不幸だったかといえばそんなことはありません。

人生は映画のようなものだと思います。喜びと怒り、悲しみと楽しみ、それぞれにロマンがあり、美しさがあるものです。「喜び」だけのストーリーよりも、「悲しみ」がいいスパイスとなり、映画を盛り上げることも。そう思えば、辛いことがあっても、「今はそういうシーンね」と割り切って演じられます。だって、次のシーンは、まったく別の場所でのんきにワイングラスを傾けているのかもしれないのですから、悩んだって仕方がないと思うのです。もちろん、簡単に切り替えられないケースもありますが、多少のことは、不遇のシーンだと思って演じきろうと思います。

私の映画の主人公は私自身。エンドロールを見たときに「わりとよかったじゃん」と思えるような、私らしいストーリーを紡《つむ》ぎたいです。

ダディと出会って、気づけば40年以上が過ぎました。
娘という宝物も授かり、私にとっては最高のパートナー。
趣味も好みも生活習慣も、すべてが正反対なふたりですが、
これからも手を携えて、残りの時間を一緒に楽しみたいです。

あとがき

私が好きなことをして、自分らしく暮らしていられるのはダディのおかげ。私の母の介護を快く受け入れてくれたこともそうですが、私が「やりたい」と思ったことに、彼が「ダメ！」と反対するようなことは、これまで（きっとこれからも）一度もありません。むしろ、背中をポンと押してくれる頼もしい存在。彼のやさしさと支えがあって、今の私がある。そして、最愛の娘を授かり、一緒に成長を見守ってくれたことにも感謝しています。人生を共に歩んで40年が過ぎ、今はふたり暮らし。あと何年一緒に居られるかなって思うと、一日一日がすごく大切で愛おしく感じます。やっぱり、家族で過ごす時間は一番大事。

ダディにはありがとうしかないけれど、ひとつだけお願いするなら……そろそろ「ママ」という呼び方を卒業してくださいね（笑）。

人生山あり谷あり。まだまだ何が起こるかわかりませんが、どんなことも一緒に楽しめるように、これからもよろしくお願いします。

Thank you Etta,
my invincible sounding board and provider superior of amazing ideas!
You're the BEST!!

Most importantly;
Thank You so much to the Creative Writing Staff for turning my words into proper Japanese and spinning them into a warm, personal narrative.
This project would not have been possible without YOU!

結城アンナ *Anna Yuki*

1955年、スウェーデンに生まれる。1965年に両親と初来日。以後、スウェーデンと日本を行き来することになり、1971年から日本に定住。雑誌『anan』(マガジンハウス)をはじめとするファッション誌、CM、広告などでモデルとして活躍したあと、俳優・岩城滉一氏と結婚。夫婦で『ジャワカレー』のCMやテレビ、雑誌にタレントとして多数出演する。近年、イラストレーターとしても独自の世界観を表現、60歳を迎えてから本格的に芸能活動を再開し、活動の場を広げている。スウェーデン語のほか、英語、フランス語に精通する努力家でもある。

撮影/宮濱祐美子
デザイン/植草可純、前田歩来 (APRON)
ヘアメイク/清水ヤヨエ (+nine)
校正/武 由記子 (東京出版サービスセンター)
構成/岩越千帆、中篤邦子 (smile editors)
企画/印田友紀 (smile editors)
章扉・本文イラスト、アルバム写真提供/Anna Yuki

自分をいたわる暮らしごと

著　者　結城アンナ
編集人　遠藤 純
発行人　倉次辰男
発行所　株式会社主婦と生活社
〒104-8357 東京都中央区京橋3-5-7
編集部 ☎03-3563-5194
販売部 ☎03-3563-5121
生産部 ☎03-3563-5125
http://www.shufu.co.jp
製版所　東京カラーフォト・プロセス株式会社
印刷所　太陽印刷工業株式会社
製本所　小泉製本株式会社

ISBN978-4-391-15060-5